TABLEAUX

ALPHABÉTIQUES

DES JEUX DE L'ENFANCE.

ORNÉ DE GRAVURES.

Les jeux sont un besoin pour le jeune âge; ils délassent l'esprit de l'application qu'on a apportée à ses devoirs : les jeux enfin fortifient le corps. Jouez donc, mes enfans, et employez bien les momens de la récréation, comme l'on doit employer les heures du travail.

PARIS.
ANCIENNE MAISON GAUTHIER,
GLÉMAREC, *Fabricant d'Imagerie,*
Quai du Marché-Neuf, 30.

Dans votre adolescence, les jeux divers nous charment et nous séduisent. En attendant que les occupations sérieuses vous appellent, heureux Enfans! profitez des instans que vos Parens vous accordent, qui sont les fruits et la récompense de votre sagesse.

TABLEAUX

ALPHABÉTIQUES

DES JEUX DE L'ENFANCE.

ORNÉ DE GRAVURES.

Les jeux sont un besoin pour le jeune âge ; ils délassent l'esprit de l'application qu'on a apportée à ses devoirs : les jeux enfin fortifient le corps. Jouez donc, mes enfans, et employez bien les momens de la récréation, comme l'on doit employer les heures du travail.

PARIS.
ANCIENNE MAISON GAUTHIER,
GLÉMAREC, *Fabricant d'Imagerie,*
Quai du Marché-Neuf, 30.

1847

LA BALANÇOIRE.

A	B
C	D

LES ÉCHASSES.

E	F
G	H

LES PAPILLONS.

I J K

L M

JEU DU BALLON.

N O
P Q

JEU DE CORDE.

R | S
T | U

LES QUATRE COINS.

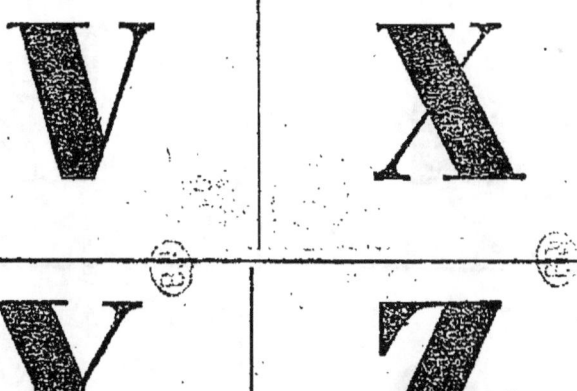

JEU DU CERCEAU.

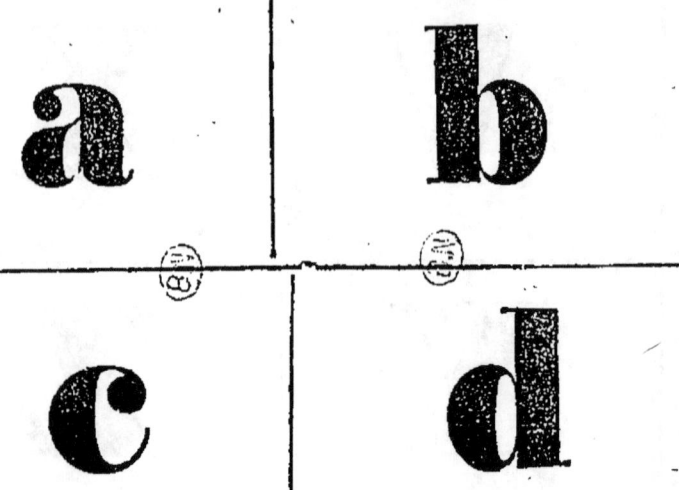

LE COLIN-MAILLARD.

e f

g h

PROMENADE SUR L'EAU.

i j k

l m

LE CERF-VOLANT.

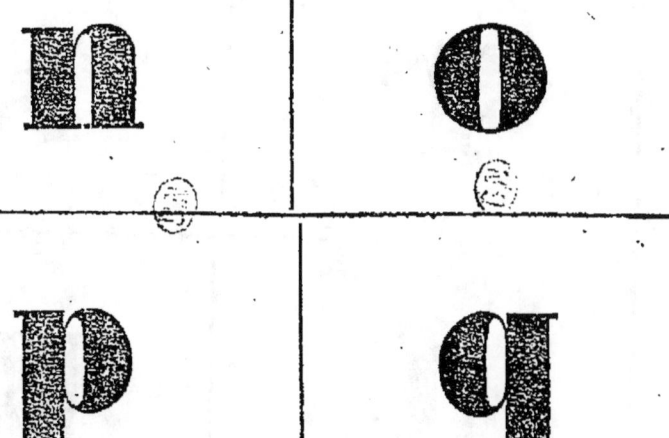

JEU DU VOLANT.

r s

t u

LA MAIN CHAUDE.

V X

y z

A B C D E F
G H I J K L
M N O P Q R
S T U V W X
Y Z Ç Æ OE.

a b c d e f g h i
j k l m n o p q r
s t u v w x y z
ç à è ù é â ê î ô û.

Lettres italiques.

A B C D E F
G H I J K L M
N O P Q R S T
U V W X Y Z.

a b c d e f g h i
j k l m n o p q
r s t u v w x
y z ç æ œ.

Lettres voyelles.

a e *i* *ou* y o u

Lettres consonnes.

b c d f g h k l m
n p q r s t v x z.

Syllabes.

ba be bi bo bu
ca ce ci co cu
da de di do du
fa fe fi fo fu
ga ge gi go gu
ha he hi ho hu
ja je ji jo ju

ka	ke	ki	ko	ku
la	le	li	lo	lu
ma	me	mi	mo	mu
na	ne	ni	no	nu
pa	pe	pi	po	pu
ra	re	ri	ro	ru
sa	se	si	so	su
ta	te	ti	to	tu
va	ve	vi	vo	vu
xa	xe	xi	xo	xu
za	ze	zi	zo	zu

Mots de deux syllabes.

Pa pa.
Ma man.
Gâ teau.
Jou jou.
Da da.
Toutou.
Poupée.
Dra gée.
Bon bon.
Vo lant.

Rai sin.
Se rin.
Voi sin.
Poi re.
Pom me.
Cou teau.
Bam bin.
Cha peau.
Bon net.
Ca non.
Pou let.

Mots de trois et quatre syllabes.

Ca ba ne.
Ca ba ret.
Cap tu rer.
Con fi tu re.
Da moi seau.
Dé chi rer.
É tren ner.
Fan tai sie.
Grap pil ler.
Im pos tu re.

In con ti nent.
Ju di ci eux.
Ju ri di que.
La pi dai re.
Lai ti è re.
Mas ca ra de.
Né gli gen ce.
O ri gi nal.
Par don na ble.
Ré cré a ti on.
Se cou ra ble.

Mots de cinq et six syllables.
A na to mi que ment.
Au then ti que ment.
A van ta geu se ment.
Ban que rou ti er.
Ci vi li sa ti on.
Dé sin té res se ment.
Ex com mu ni ca ti on.
Fa bu leu se ment.
Gé o mé tri que ment.
Ha bi tu el le ment.
In cor ri gi ble.
Jus ti fi ca ti on.
Li mo na di er.
Ma nu fac tu ri er.
Na tu rel le ment.
Obs ti na ti on.
Par ti cu li è re ment.
Prin ci pa le ment.

ORAISON DOMINICALE.

Notre Père qui êtes aux cieux, que votre nom soit sanctifié, que votre règne arrive, que votre volonté soit faite en la terre comme au ciel; donnez-nous aujourd'hui notre pain quotidien, pardonnez-nous nos offenses comme nous les pardonnons à ceux qui nous ont offensés, et ne nous laissez pas succomber à la tentation, mais délivrez-nous du mal.
   Ainsi soit-il.

SALUTATION ANGÉLIQUE.

Je vous salue, Marie, pleine de grâce, le Seigneur est avec vous, vous êtes bénie entre toutes les femmes, et Jésus le fruit de vos entrailles est béni.

Sainte Marie, mère de Dieu, priez pour nous, pauvres pécheurs, maintenant et à l'heure de notre mort. Ainsi soit-il.

LES COMMANDEMENS DE DIEU.

1. Un seul Dieu tu adoreras,
   Et aimeras parfaitement.
2. Dieu en vain tu ne jureras,
   Ni autre chose pareillement.
3. Les dimanches tu garderas,
   En servant Dieu dévotement.
4. Tes père et mère honoreras,
   Afin de vivre longuement.
5. Homicide point ne seras,
   De fait ni volontairement.
6. Luxurieux point ne seras,
   De corps ni de consentement.
7. Le bien d'autrui tu ne prendras,
   Ni retiendras à ton escient.
8. Faux témoignages ne diras,
   Ni mentiras aucunement.
9. L'œuvre de chair ne désireras
   Qu'en mariage seulement.
10. Biens d'autrui ne convoiteras
    Pour les avoir injustement.

LES COMMANDEMENS DE L'ÉGLISE.

1. Les fêtes tu sanctifieras,
   Qui te sont de commandement.
2. Les dimanches, messe entendras,
   Et les fêtes pareillement.
3. Tous tes péchés confesseras,
   A tout le moins une fois l'an.
4. Ton créateur tu recevras,
   Au moins à Pâque humblement.
5. Quatre-temps, vigiles jeûneras,
   Et le carême entièrement.
6. Vendredi chair ne mangeras,
   Ni le samedi mêmement.

TABLE DE NUMÉRATION.

	CHIFFRES ARABES.	CHIFFRES ROMAINS.
Un............	1.	I.
Deux..........	2.	II.
Trois.........	3.	III.
Quatre........	4.	IV.
Cinq..........	5.	V.
Six...........	6.	VI.
Sept..........	7.	VII.
Huit..........	8.	VIII.
Neuf..........	9.	IX.
Dix...........	10.	X.
Vingt.........	20.	XX.
Trente........	30.	XXX.
Quarante......	40.	XL.
Cinquante.....	50.	L.
Soixante......	60.	LX.
Soixante-dix...	70.	LXX.
Quatre-vingts..	80.	LXXX.
Quatre-vingt-dix.	90.	XC.
Cent..........	100	C.
Deux cents....	200	CC.
Trois cents....	300	CCC.
Quatre cents...	400	CCCC.
Cinq cents....	500	D ou IƆ.
Six cents.....	600	DC.
Sept cents....	700	DCC.
Huit cents....	800	DCCC.
Neuf cents....	900	DCCCC.
Mille.........	1,000	M ou CIƆ.

DIVISION DU TEMPS.

Cent ans font un siècle.
Il y a douze mois dans un an.
Il y a trente jours dans un mois.
Trois cent soixante-cinq jours font un an.

On divise le mois en quatre semaines; chaque semaine est composée de sept jours que l'on nomme :
Lundi, Mardi, Mercredi,
Jeudi, Vendredi, Samedi,
Dimanche.

Les mois de l'année sont :
Janvier, Février, Mars,
Avril, Mai, Juin,
Juillet, Août, Septembre,
Octobre, Novembre, Décembre.

Il y a quatre saisons dans l'année, que l'on appelle
Le Printemps, l'Été,
L'Automne et l'Hiver.

CHIFFRES.
1, 2, 3, 4, 5, 6, 7, 8, 9, 10.

CRIS DES ANIMAUX.

L'Agneau bêle.
L'Ane brait.
Le Chat miaule.
Le Cheval hennit.
Le Chien aboie, jappe, hurle.
Le Cochon grogne.
Le Coq chante, coquerique.
Le Corbeau croasse.
La Grenouille coasse.
Le Lion rugit.
Le Loup hurle.
Le Moineau pépie.
La Pie babille, jacasse.
Le Pigeon roucoule.
La Poule glousse, piaule.
Le Renard glapit.
Le Rossignol ramage.
Le Serpent siffle.
Le Taureau beugle, mugit.
La Tourterelle gémit.

CONSEILS
D'UN PÈRE A SON FILS.

Mon fils, si tu veux un jour te faire aimer, écoute les conseils que je vais te tracer : il faut que tu sois bon, que tu saches secourir les malheureux quand cela sera en ton pouvoir, que ta main compatissante essuie les pleurs de l'orphelin; voilà ce qui peut nous concilier l'estime de nos semblables.

Le premier des devoirs que tu as à remplir, c'est de rendre hommage au Créateur, d'honorer tes parens, de les regarder ainsi que tes maîtres comme tes premiers amis et tes premiers bienfaiteurs.

Garde-toi de mentir, cette habitude est non seulement vile, mais elle aggrave nos torts au lieu de les faire excuser; celui qui fait un mensonge ne sent point le travail qu'il entreprend; car il faut qu'il en invente mille autres pour soutenir le premier.

Applique-toi de bonne heure à exercer ta mémoire: il n'est rien de plus doux que l'étude; la science est au dessus de tout, elle peut remplacer la fortune et nous mener aux plus grands emplois et à la gloire, mais la fortune ne peut jamais la remplacer.

Ne crois pas en aveugle aux feintes caresses de celui qui te flatte, car il veut te trahir ou te trahira; évite de te fier aux apparences toujours trompeuses; le tambour, avec tout le bruit qu'il fait, n'est rempli de rien.

Si tu aimes le repos, travaille en ta jeunesse, n'oublie jamais que le travail double les ailes du temps et nous fait arriver plus vite aux termes de nos vœux. Le bon La Fontaine a dit :

> Travaillez, prenez de la peine,
> C'est le fonds qui manque le moins.

Quel que soit ton état mon fils, fais en sorte d'y rester, l'inconstance te deviendrait funeste. Que de gens malheureux pour n'avoir su se fixer ! L'emploi du temps est toute notre richesse ; que toutes les heures destinées au travail y soient ponctuellement employées.

Dans tous les états, l'homme vertueux se fait considérer ; un cœur pur, une conscience sans reproche procure plus de bonheur que les richesses et les honneurs que quelquefois l'on nous promet ; avec du talent, de la probité et du travail on peut parvenir à tout.

Sois toujours en défiance contre les méchans et les pervers : le vice se cache souvent sous des dehors trompeurs, et une âme honnête a bien de la peine à le découvrir; tous les vices sont l'apanage du méchant.

Apprends à garder un secret : la discrétion est une grande vertu; respecte la confiance qu'un ami aura mise en toi, fais en sorte de bien mesurer tes paroles; un mot seul pourrait faire connaître ce qu'il t'aurait confié.

Evite la colère et abhorre la vengeance; la honte seule est le prix de ces deux haineuses passions. Pardonner une offense reçue est un grand mérite; la haine au contraire ne peut que nous faire détester et haïr.

L'amour de l'or, mon fils, est d'une âme commune, c'est l'amour des vertus que tu dois embrasser et acquérir de bonne heure. Quand l'homme a su profiter de la jeunesse, il jouit dans la vieillesse d'un calme parfait, récompense ordinaire d'une vie active et exempte de remords.

Loin de toi la calomnie, c'est une arme très-dangereuse et qui, pour le malheur de la société, ne trouve souvent que trop d'échos; on accueille parfois avec trop d'avidité des rapports qui sont dans le cas de ternir la réputation d'un homme de bien.

Si tu éprouves des peines, dépose-les dans le sein de la divinité; un sage a dit que celui qui vient d'adresser des vœux sincères à l'Eternel a plus de force contre le malheur.

Je ne veux pas fatiguer plus long-temps ton attention; c'est peu il est vrai que ces premiers avis, mais que ton cœur s'en pénètre et les suive; invoque la divine providence, demande-lui la grâce et la force de les remplir ponctuellement. Ah! si ton âme est pure, le ciel, n'en doute pas, touché de ta prière, exaucera tes vœux; oui, mon fils, l'Eternel t'enverra le bonheur des enfans vertueux, et te préservera de tout mauvais penchant.

L'AMOUR DE DIEU

ET DE SES PARENS.

Deux jeunes enfans, que nous nommerons Emilie et Edouard, chérissaient leurs parens avec la même tendresse; ces enfans vertueux avaient contracté l'habitude de courir au fond du jardin après leur déjeûner, et ne revenaient qu'au bout d'un quart d'heure pour se mettre à leur travail; cette conduite néanmoins excita la curiosité de leur père; la crainte de ce bon père était de voir ses enfans se livrer à l'oisiveté. « Que devons-nous penser de cela? dit-il un jour à son épouse; si nos enfans, que nous chérissons, s'adonnent à la paresse, bientôt ils perdront les heureuses dispositions qu'ils ont montrées jusqu'à présent. »

Madame Dorval profita de cet avis, et lorsqu'elle vit Emilie et Edouard se diriger vers leur promenade accoutumée, elle les y suivit sans être aperçue; lorsqu'elle fut arrivée au berceau où se plaçaient ses charmans enfans, de quelle joie son cœur fut-il saisi lorsqu'elle les vit joindre leurs mains et se mettre à genoux! Edouard profondément pénétré disait à haute voix cette prière:

« Seigneur, mon Dieu, je te prie que nos
« parens ne meurent pas avant nous; nous les
« aimons tant, et nous aurons tant de plaisir
« de faire leur bonheur lorsque nous serons
« devenus grands! Rends-nous bons, justes
« et sages, pour que notre papa et notre
« maman puissent tous les jours se réjouir
« de nous avoir donné la vie. Entends-tu,
« mon Dieu? nous voulons aussi exécuter
« tes commandemens. »

Après cette prière, ils s'embrassèrent tendrement, et retournèrent à la maison. Que l'on juge s'il est possible de la satisfaction qu'éprouvèrent ces bons parens : des larmes de joie coulaient sur les joues de leur mère ; qu'elle était heureuse et contente, cette bonne mère, de la piété filiale de ses enfans !

LE SOLEIL ET LA LUNE.

Viens avec moi, Eugène, disait un jour un père à son fils, regarde comme le soleil est beau et quel charmante soirée: le soleil est prêt à se coucher et nous pouvons aisément l'envisager; comme les nuages sont beaux autour de lui! ils sont couleur d'écarlate et couleur d'or! mais vois-tu avec quelle vitesse il descend? Déjà nous ne pouvons plus en voir que la moitié, maintenant nous n'en voyons plus du tout. A présent, Eugène, tourne les yeux de l'autre côté; comment nommes-tu ce qui brille ainsi derrière les arbres, est-ce du feu? Non, c'est la lune. Elle est bien grande, et on dirait qu'elle est pleine de sang. Aujourd'hui, mon ami, elle est toute ronde parce que c'est pleine lune, mais de jour en jour elle diminuera, et dans quinze jours on ne l'apercevra plus; ce sera ensuite nouvelle lune, et tu la verras dans l'après-midi; elle sera d'abord bien petite, mais elle deviendra chaque jour plus grande et plus ronde, jusqu'à ce qu'au bout de quinze autres jours elle soit tout-à-fait pleine comme aujourd'hui, et tu la verras se lever encore derrière les arbres.

Eugène, étonné de ce que lui disait son père, lui fit cette question : Comment se fait-il, mon papa, que le soleil et la lune se tiennent tout seuls en l'air? je crains toujours qu'ils ne tombent sur ma tête. — Pour le moment, répondit le père, je ne puis t'expliquer ce phénomène, parce que tu ne me comprendrais pas ; mais écoute, en attendant, ce que le soleil t'adresse par ma bouche.

Je suis le roi du jour, dit d'une voix éclatante cet astre brillant ; je me lève dans l'orient et l'aurore me précède pour annoncer à la terre mon arrivée ; je frappe à ta fenêtre avec un rayon d'or, pour t'avertir de ma présence, et je te dis : Paresseux, lève-toi : je ne brille pas pour que tu restes enseveli dans le sommeil ; je brille pour que tu te lèves et que tu travailles ; je marche comme un géant à travers toute l'étendue des Cieux ; jamais je ne m'arrête, et je ne suis jamais fatigué ; je donne la chaleur aussi bien que la lumière ; c'est moi qui mûris les fruits et les moissons ; si je cessais de régner sur la nature, rien ne croîtrait dans son sein, et les pauvres humains mourraient de faim et de désespoir dans l'horreur des ténèbres ; je suis très-haut dans les Cieux, plus haut que les montagnes et les nuages ; je n'aurais qu'à m'abaisser un peu plus vers la terre, mes feux la dévoreraient en un instant, comme la flamme dévore la paille légère que l'on jette sur un brasier.

Quelquefois je dépose ma couronne éclatante, et j'enveloppe ma tête de nuages argentés; alors tu peux soutenir mes regards; mais lorsque je dissipe les nuages pour briller dans toute ma splendeur du midi, tu n'oserais porter sur moi la vue, j'éblouirais tes yeux, je t'aveuglerais; l'aigle, s'élançant de la cime des plus hautes montagnes, vole vers moi d'une aile vigoureuse, et se perd dans mes rayons en m'apportant son hommage; l'alouette chante à ma rencontre ses plus douces chansons, et réveille les oiseaux endormis sous la feuillée; le coq, resté sur la terre, y proclame mon retour d'une voix perçante; la chouette et le hibou fuient à mon aspect en poussant des cris plaintifs. Mon empire n'est pas borné, comme celui des rois de la terre, à quelques parties du monde; le monde entier est mon empire, je suis la plus belle et la plus glorieuse créature qu'on puisse voir dans l'univers.

LE SÉJOUR DU TEMPS.

Aux extrémités du monde, existe un certain vieillard nommé le Temps; il est élevé sur une colonne de marbre blanc, et il paraît tout à la fois vieux et jeune; son visage, portant une longue barbe grise, laisse voir une grande vieillesse et en même temps tous les attraits de la jeunesse; ce vieillard, qui règle nos destinées, tient une faux tranchante dans ses mains, et de ses yeux perçans, qui ne se livrent jamais au sommeil, il décide du sort des humains.

Ce vieillard inflexible frappe indistinctement les humains, tout lui est propre, et ne tient à aucune considération : tantôt il enlève un fils unique, l'espérance de toute une famille; tantôt un monarque chéri qui faisait le bonheur de son peuple; quelquefois, et disons-le avec douleur, il arrache une jeune épouse au lit nuptial, et change la joie d'une heureuse union en un terrible chagrin; bien souvent il arrive qu'il épargne un vieillard dont l'existence devrait être terminée, pour trancher les jours d'un jeune homme sain et robuste qui aurait fait la consolation de ses parens.

Ce grand maître, que nous appelons toujours le Temps, ne se borne pas aux faibles mortels : empires, royaumes, républiques, villes, temples, palais, tout éprouve sa rigueur, il ne respecte rien; devant lui passent rapidement toutes les générations, les vieillards poussés par des hommes moins âgés, et ceux-ci par des enfans: tel est le Temps qui engloutit et dévore tout.

LE JOLI PAPILLON.

Papillon, joli papillon! viens te poser sur cette fleur que je tiens dans ma main; où vas-tu, petit étourdi? ne vois-tu pas cet oiseau gourmand qui te guette? il vient d'aiguiser son bec, et il l'ouvre déjà tout prêt à t'avaler; viens, viens ici, il aura peur de moi, et il n'osera t'approcher. Papillon, joli papillon, viens te poser sur cette fleur que je tiens dans ma main.

Je ne veux point t'arracher les ailes, ni te tourmenter; non, non, tu es petit et faible, ainsi que moi; je ne veux que te voir de plus près, je veux voir ta petite tête, ton long corsage et tes grandes ailes bigarrées de mille et mille couleurs. Papillon, joli papillon! viens te poser sur cette fleur que je tiens dans ma main.

Je ne te garderai pas long-temps, je sais que tu n'as pas long-temps à vivre: à la fin de cet été tu ne seras plus, et moi je n'aurai alors que huit ans. Papillon, joli papillon! viens te poser sur cette fleur que je tiens dans ma main, tu n'as pas un moment à perdre pour jouir de la vie, tu pourras prendre ta nourriture tandis que je te regarderai.

LE SERIN ET LE ROSSIGNOL.

Si le rossignol est le chantre des bois, le serin est le musicien de la chambre; le premier tient tout de la nature et efface tous les autres oiseaux par son ramage, qu'il soutient quelquefois pendant vingt secondes; mais le serin, avec moins de force dans la voix, a plus d'oreille et plus de mémoire; ses caresses sont aimables, ses petits dépits innocens, et sa colère ne blesse ni n'offense; ses habitudes naturelles le rapprochent encore de nous; il se nourrit de graines comme nos autres oiseaux domestiques; on l'élève plus aisément que le rossignol, qui ne vit que de chair ou d'insectes, et qu'on ne peut nourrir que de mets préparés; l'éducation du serin est très-facile; on a du plaisir à l'élever parce qu'on l'instruit avec succès.

Le rossignol, plus fier de son talent, semble vouloir le conserver dans toute sa pureté, et ce n'est qu'avec peine qu'on lui apprend à répéter quelques unes de nos chansons; le serin peut parler et siffler, le rossignol méprise la parole autant que le sifflet, et revient sans cesse à son premier ramage; son gosier, toujours nouveau, est un chef-d'œuvre de la nature auquel l'art humain ne peut rien changer ni ajouter; mais nous conviendrons tous que le serin surpasse le rossignol pour l'agrément de la société; le serin chante en tout temps, il nous récrée dans les jours les plus sombres, il contribue même à notre bonheur, il fait l'amusement de toutes les jeunes personnes, porte la gaieté dans les âmes innocentes et parfois livrées à la tristesse ; et ses petites amours, qu'on peut considérer de près en le faisant nicher, ont rappelé mille et mille fois à la tendresse des cœurs sacrifiés.

L'OISEAU VERT, ROUGE ET JAUNE.

Un certain petit garçon s'amusait tous les jours à chercher des nids d'oiseaux, et quand il en avait attrapé, il les faisait mourir. Ah! que cela est méchant de faire mourir ces pauvres oiseaux qui ne font de mal à personne, disaient les autres enfans. — Bah! répondait le petit garçon, je m'en moque bien! cela m'amuse.

Un jour, il prit un joli oiseau qui était vert, rouge et jaune : je vous demande comme il était content. Hélas! dit le pauvre oiseau, vous allez donc me faire mourir aussi? — Tiens! s'écria le petit garçon, mon oiseau parle! — Rendez-moi la liberté, je vous en prie, dit le bel animal. — Non pas, répliqua le petit garçon, tu parles trop bien, et tu as un trop joli plumage pour que je te laisse aller; d'ailleurs je t'ai pris et tu m'appartiens. Or, il arriva que peu de temps après, le petit garçon sans humanité, jouant dans un bois voisin, fut surpris par un géant; à sa vue l'enfant effrayé voulut s'enfuir, mais le géant s'y opposa, et dans sa fureur il le prit entre son pouce et son premier doigt, et l'éleva à la hauteur de ses yeux: le petit malheureux criait à perdre haleine. — Tiens, s'écria d'une voix de tonnerre l'homme redoutable, ma petite bête crie. — Je ne suis pas une petite bête, mais un pauvre petit garçon qui vous supplie de lui laisser la vie. — Comment! voilà qui est admirable, dit le géant, ma petite bête parle. — Ah! je vous en prie, je vous en conjure, rendez-moi la liberté.— Non pas, non pas, continua toujours le redoutable géant, tu parles trop bien, et en même temps tu es trop gentil pour que je me prive du plaisir de t'avoir; te souviens-tu, continua-t-il de ce que tu as dit il y a quelques jours à l'oiseau vert, jaune et rouge? Tu parles trop bien, lui as-tu dit, et tu as un trop joli plumage pour que je te laisse aller; moi je te trouve également trop gentil pour me défaire de toi, et tu m'appartiens.—

Oh! s'écria l'enfant tout éploré et tremblant de tous ses membres, je n'étais qu'un méchant, je me repens de ma faute; je conviens qu'étant le plus fort je n'ai eu aucune pitié pour ce pauvre oiseau; mais je vous demande à genoux mon pardon. — Je pourrais aussi abuser de ma force, dit le géant, je pourrais même te faire mourir; néanmoins, je serai plus juste, je t'apprendrai seulement qu'il faut faire aux autres ce que nous voudrions qu'il nous fût fait à nous-mêmes. Va mettre en liberté ton prisonnier, et ne t'avise plus de faire périr à ton gré d'innocentes créatures, comme tu as fait jusqu'à présent. On doit penser que le petit bonhomme ne se le fit pas dire deux fois.

LE CHIEN.

De tous les animaux que la nature a créés, le chien est le vrai modèle de l'amitié. Chaque espèce se distingue par un instinct particulier. Portons d'abord nos regards sur l'intelligence d'un chien de berger: est-il possible de mettre plus de zèle et d'activité pour le troupeau qui est confié à sa garde? il se fait mieux entendre que le berger lui-même; l'ordre et la discipline sont le fruit de sa vigilance; ce sont des écoliers qui lui sont soumis, obéissans, et contre lesquels il n'emploie jamais la force que pour y maintenir la paix. Parlons maintenant du chien qui veille à nos propriétés, et nous donne la sécurité au milieu de nos immenses possessions : cet animal, doué, devons-nous le dire, d'un généreux sentiment, fait tourner tous les jours au profit de l'homme les dons les plus rares dont la nature l'a comblé. N'avons-nous rien de plus intelligent que le chien de chasse? il cherche, il interroge, il suit les traces de la proie que poursuit l'avide chasseur; combien s'expose-t-il pour son maître quand il s'agit de combattre les plus terribles habitans des forêts; on dirait que l'attachement qu'il lui porte aiguise en quelque sorte toutes les finesses de son odorat.

Voyons ces courageux animaux au milieu des glaciers du mont Saint-Bernard, prêtant assistance aux voyageurs qui s'égarent, les conduisant la nuit, leur créant des routes au milieu des torrens, à travers mille dangers, et partageant avec des hommes respectables les soins de la plus bienfaisante hospitalité.

Qui n'a pas entendu parler des chiens de Terre-Neuve, de leur intelligence, de leur dévouement et de leurs services inimaginables ? considérons-les s'élançant dans les flots, affronter le courroux des vagues, braver les vents et la tempête, plonger dans les gouffres de la mer, et ramener au rivage les malheureux naufragés.

Nous terminons notre article en parlant de la fidélité du chien domestique, et de son attachement vraiment incroyable; voyons-le mettre aux pieds de son maître son courage, sa force, ses talens; il attend ses ordres pour en faire usage; il le consulte, il l'interroge, il le supplie; un coup d'œil suffit, il entend les signes de sa volonté; sans avoir, comme l'homme, la lumière de la pensée, il a de plus que lui la fidélité, et il est tout zèle, tout ardeur et tout obéissance; plus sensible au souvenir des bienfaits qu'à celui des outrages, il ne se rebute pas par les mauvais traitemens, il les oublie et ne s'en souvient que pour s'attacher davantage; loin de s'irriter ou de fuir, il lèche cette main qui vient de le frapper, et par sa patience et sa soumission désarme son maître.

DES CINQ PARTIES DU MONDE.

L'EUROPE ET L'ASIE.

L'Europe produit en abondance du vin, des fruits, des légumes, et tout ce qui est nécessaire à la vie. Les animaux utiles y sont en grand nombre, et les animaux nuisibles assez rares. On y trouve des mines de fer, de plomb, d'étain, de houille, etc., etc.

L'Europe n'a que le quart d'étendue de l'Asie et de l'Amérique et le tiers de l'Afrique : mais elle est à proportion plus peuplée et mieux cultivée.

La température de l'Europe est très-agréable.

La population de l'Europe est évaluée à environ deux cent vingt-cinq millions d'habitans. L'Europe contient cent cinquante-cinq mille lieues carrées géographiques, c'est-à-dire près de quatre cent quarante mille lieues carrées de France.

L'Asie réunit les régions les plus froides, et d'autres régions qui jouissent d'un climat très-doux. On y trouve l'olivier, le cotonnier et les fruits les plus délicieux. On voit croître le dattier, le café et l'encens en Arabie; le cocotier, l'indigotier et la canne à sucre dans les Indes; le cannellier à Ceylan, et l'arbre à thé dans l'empire chinois.

L'Asie a été le berceau du genre humain, et le siége des premiers empires.

La population de l'Asie peut être évaluée à quatre cent millions d'habitans.

L'AFRIQUE, L'AMÉRIQUE ET L'OCÉANIE.

L'Afrique est la partie du monde la plus chaude: elle est très-riche en métaux précieux. Mais elle renferme beaucoup d'animaux féroces, tels que le lion, le tigre, l'hyène, le chacal. Les fleuves nourrissent d'énormes crocodiles, et les forêts recèlent le serpent boa. On trouve encore en Afrique l'hippopotame, la girafe, le buffle, le chameau, etc., etc., et des oiseaux très-remarquables, le perroquet, l'autruche, etc.

On évalue à cent dix millions d'habitans la population de l'Afrique.

L'Amérique forme ce que l'on appelle le nouveau continent, par opposition avec l'Europe, l'Asie et l'Afrique qui composent l'ancien continent. L'Amérique est moins chaude que l'ancien continent, ce qu'il faut attribuer à des montagnes immenses, qui donnent naissances aux rivières et aux fleuves les plus grands du monde.

Nulle part les métaux précieux ne sont plus abondans.

On compte aujourd'hui en Amérique quarante millions d'habitans : la plus grande partie sont catholiques.

L'Océanie est la partie du monde qui comprend sur le globe l'espace le plus étendu.

Cependant c'est la moins peuplée de toutes les parties du monde.

On évalue sa population à trente millions d'habitans.

L'Océanie est entièrement composée d'îles. On y remarque les îles Philippines qui produisent le camphre, le benjoin, le poivre, l'indigo et le riz.

La Nouvelle-Hollande est une île immen-

se qui peut passer pour un continent. Ses habitans semblent fort misérables et fort ignorans.

MERS.

La mer est divisée en deux grandes parties ou Océans : l'Océan Atlantique et le Grand Océan.

Le Grand Océan prend différens noms : lorsqu'il baigne les Indes orientales, on l'appelle Mer des Indes ou Océan Indien ; lorsqu'il baigne les pôles, on l'appelle Océan Glacial.

La mer, en s'enfonçant dans les terres, forme des mers intérieures. La plus considérable des mers intérieures est la Méditerranée, renfermée entre l'Europe, l'Afrique et l'Asie.

On distingue encore la Mer Baltique, qui s'étend entre la Suède, la Russie, la Prusse et l'Allemagne.

La Mer Caspienne, nommée mer à cause de son étendue, n'est qu'un grand lac. On ne lui connaît pas de communications avec les autres mers.

LE MAITRE CHAT
OU
LE CHAT BOTTÉ.

CONTE.

Un meunier ne laissa pour tout bien, à trois enfans qu'il avait, que son moulin, son âne et son chat. Les partages furent bientôt faits; ni le notaire ni le procureur n'y furent appelés. Ils auraient bientôt eu mangé le pauvre patrimoine. L'aîné eut le moulin, le cadet eut l'âne, et le plus jeune n'eut que le chat : ce dernier ne pouvait se consoler d'avoir un si pauvre lot. Mes frères, disait-il, pourront gagner leur vie honnêtement en se mettant ensemble; pour moi, lorsque j'aurai mangé mon chat et que je me serai fait un manchon de sa peau, il faudra que je meure de faim. Le chat qui entendait le discours de son maître, mais qui n'en fit point semblant, lui dit d'un air posé et sérieux : Ne vous affligez point, mon maître, vous n'avez qu'à me donner un sac, et me faire faire une paire de bottes pour aller dans les broussailles, et vous verrez que vous n'êtes pas si mal partagé que vous croyez.

Quoique le maître du chat ne fît pas grand fond là-dessus, cependant il lui avait vu faire tant de tours de subtilité pour prendre des rats et des souris, comme quand il se pendait par les pieds, ou qu'il se cachait dans la farine pour contrefaire le mort, afin de mieux surprendre son gibier, il ne désespéra pas d'en être secouru dans sa misère.

Lorsque le chat eut ce qu'il avait demandé, il se botta très-proprement, et mettant son sac à son cou, il en prit les cordons avec ses deux pates de devant, puis s'en alla dans une garenne, où il y avait grand nombre de lapins. Il mit du son et des lacerons dans son sac, et s'étendant comme s'il eût été mort, il attendit que quelque jeune lapin peu instruit encore aux ruses de ce monde vînt se fourrer dans son sac pour manger ce qu'il y avait mis.

A peine fut-il couché, qu'il eut contentement ; un jeune étourdi de lapin entra dans son sac, et le maître chat tirant aussitôt les cordons, le prit et le tua. Tout glorieux de sa proie, il s'en alla chez le roi, et demanda à lui parler. On le fit monter à l'appartement de sa majesté, où étant entré, il fit une profonde révérence au roi et dit : Sire, voilà un lapin de garenne que monsieur le marquis de Carabas (c'était le nom qu'il lui prit en gré de donner à son maître), m'a chargé de vous présenter de sa part. — Dis à ton maître, répondit le roi, que je le remercie, et qu'il me fait plaisir.

Une autre fois il alla se cacher dans le blé, tenant toujours son sac ouvert ; et lorsque deux perdrix y furent entrées, il tira les cordons et les prit toutes deux. Il alla ensuite les présenter au roi, comme il avait fait du lapin de garenne. Le roi reçut encore avec plaisir les deux perdrix, et lui fit donner pour boire.

Le chat continua ainsi pendant deux ou trois mois à porter de temps en temps au roi du gibier de la chasse de son maître.

Un jour qu'il sut que le roi devait aller à la promenade sur le bord de la rivière, avec sa fille, la plus belle personne du monde, il dit à son maître : Si vous voulez suivre mon conseil, votre fortune est faite ; vous n'avez qu'à vous baigner dans la rivière et à l'endroit que je vous montrerai, puis ensuite me laisser faire.

Le marquis de Carabas fit ce que son chat lui avait conseillé, sans savoir à quoi cela serait propre. Dans le temps qu'il se baignait, le roi vint à passer, et le chat se mit à crier de toute sa force : Au secours, au secours ! voilà monsieur le marquis de Carabas qui se noie. A ce cri, le roi mit la tête à la portière ; reconnaissant le chat qui lui avait apporté tant de gibier, il ordonna à ses gardes qu'ils allassent promptement au secours de monsieur le marquis de Carabas ; et pendant qu'on retirait le pauvre marquis de la rivière, le chat s'approcha du carosse, et dit au roi que dans le temps qu'il se baignait il était venu plusieurs voleurs qui avaient emporté ses habits, quoiqu'il eût crié au voleur de toute sa force : le rusé les avait cachés sous une grosse pierre. Le roi ordonna aussitôt aux officiers de sa garde-robe d'aller querir un de ses plus beaux habits pour monsieur le marquis de Carabas. Le roi lui fit mille caresses; et comme les habits qu'on venait de lui donner relevaient sa bonne mine, car il était beau et bien fait de sa personne, la fille du roi le trouva fort à son gré, et le marquis de Carabas ne lui eut pas jeté deux ou trois regards très-respectueux et un peu tendres, qu'elle en devint amoureuse à la folie. Le roi voulut qu'il montât dans son carosse et qu'il fût de la promenade.

Le chat, ravi de voir que son dessein commençait à réussir, prit les devans, et ayant rencontré des paysans qui fauchaient un pré, il leur dit : Bonnes gens qui fauchez, si vous ne dites au roi que le pré que vous fauchez appartient à monsieur le marquis de Carabas, vous serez tous hachés menus comme chair à pâté.

Le roi ne manqua pas de demander aux

faucheurs à qui était ce pré qu'ils fauchaient: C'est à monsieur le marquis de Carabas, dirent-ils tous ensemble; car la menace du chat leur avait fait peur. Vous avez là un bel héritage, dit le roi au marquis de Carabas. Vous voyez, Sire, répondit le marquis, c'est un pré qui ne manque point de rapporter abondamment toutes les années.

Le maître chat qui allait toujours devant, rencontre des moissonneurs, et leur dit: Bonnes gens qui moissonnez, si vous ne dites que tous ces blés appartiennent à monsieur le marquis de Carabas, vous serez tous hachés menus comme chair à pâté.

Le roi, la princesse et le marquis de Carabas passèrent un moment après: le roi demanda aux moissonneurs à qui appartenaient tous ces blés qu'il voyait: C'est à monsieur le marquis de Carabas, répondirent-ils, et le roi s'en réjouit encore avec le marquis.

Le chat qui allait devant le carrosse, disait toujours la même chose à tous ceux qu'il rencontrait: le roi était fort étonné des grands biens de monsieur le marquis de Carabas.

Le maître chat arriva enfin dans un beau château dont le maître était un ogre, le plus riche qu'on ait jamais vu ; car toutes les terres où le roi avait passé étaient de la dépendance de ce château : le chat eut très-grand soin de s'informer à plusieurs personnes qui était cet ogre, ce qu'il savait faire, et demanda à lui parler, disant qu'il n'avait pas voulu passer si près de son château, sans avoir l'honneur de lui tirer sa très-humble révérence ; l'ogre le reçut aussi civilement que le peut un ogre, et le fit reposer.

On m'a assuré, dit le chat, que vous aviez le don de vous changer en toutes sortes d'animaux ; que vous ne pouviez, par exemple, vous transformer en lion, en éléphant. — Cela n'est pas vrai, répondit l'ogre brusquement, et pour vous le montrer, vous m'allez voir devenir lion.

Le chat fut si effrayé de voir un lion devant lui, qu'il gagna aussitôt les gouttières, non sans peine et sans péril, à cause de ses bottes qui ne valaient rien pour marcher sur les tuiles.

Quelque temps après, le chat ayant vu que l'ogre avait quitté sa première forme, descendit et avoua qu'il avait eu bien peur.

On m'a assuré encore, dit le chat, mais je ne saurais le croire, que vous aviez aussi le pouvoir de prendre la forme des plus petits animaux, comme par exemple, de vous changer en rat ou en souris, je vons avoue que je tiens cela tout-à-fait impossible.—Impossible! reprit l'ogre, vous allez le voir : en même temps il se changea en une souris qui se mit à courir sur le plancher. Le chat ne l'eût pas plutôt aperçue, qu'il sauta dessus et la mangea.

Cependant le roi qui vit en passant le beau château de l'ogre, voulut entrer dedans. Le chat, qui entendit le bruit du carrosse qui passait sur le pont-levis, courut au-devant, et dit au roi : Votre Majesté soit la bienvenue dans ce château de monsieur le marquis de Carabas.

Comment, monsieur le marquis, s'écria le roi, ce château est encore à vous! il ne se peut rien de plus beau que cette cour et tous les bâtimens qui l'environnent. Voyons le dedans, s'il vous plaît. Le marquis donna la main à la jeune princesse, et suivait le roi qui montait le premier; ils entrèrent dedans une grande salle où ils trouvèrent une magnifique collation que l'ogre avait fait préparer pour les amis qui devaient le venir voir ce jour-là, mais qui n'avaient pas osé entrer, sachant que le roi y était.

Le roi, charmé des bonnes qualités de monsieur le marquis de Carabas, de même que sa fille qui en était folle, voyant les grands biens qu'il possédait, lui dit après avoir bu cinq ou six coups : Il ne tiendra qu'à vous, monsieur le marquis, que vous soyez mon gendre. Le marquis, en faisant de grandes révérences, accepta l'honneur que lui faisait le roi, et dès le même jour épousa la princesse.

Le chat devint un grand seigneur, et ne courut plus après les souris que pour se divertir.

MORALITÉ.

Quelque grand que soit l'avantage
De jouir d'un bel héritage
Qui vient à nous de père en fils,
Aux jeunes gens pendant leur vie
Le savoir-faire et l'industrie
Valent mieux que des biens acquis.

LE PETIT
CHAPERON ROUGE.

CONTE.

Il était une fois une petite fille de village, la plus jolie qu'on eût pu voir; sa mère en était folle, et sa mère-grande plus folle encore. Cette bonne femme lui fit faire un petit chaperon rouge, qui lui seyait si bien, que partout on l'appelait le petit Chaperon rouge.

Un jour, sa mère ayant cuit et fait des galettes, lui dit : Va voir comme se porte ta mère-grande, car on m'a dit qu'elle était malade ; porte-lui une galette et ce petit pot de beurre. Le petit Chaperon rouge partit aussitôt pour aller chez sa mère-grande, qui demeurait dans un autre village. En passant dans le bois, elle rencontra compère le loup, qui eut bien envie de la manger, mais il n'osa à cause de quelques bûcherons qui étaient dans la forêt. Il lui demanda où elle allait ; la pauvre enfant qui ne savait pas qu'il était dangereux de s'amuser à écouter un loup, lui dit : Je vais voir ma mère-grande et lui porter une galette avec un petit pot de beurre, que ma mère lui envoie. Demeure-t-elle bien loin ? dit le loup. — Oh oui, répondit le petit Chaperon rouge, c'est par-delà le moulin que vous voyez là-bas, là-bas, à la première maison du village.—Eh bien, dit le loup, je veux l'aller voir aussi ; je m'y en vais par ce chemin-ci, et toi par ce chemin-là, et nous verrons à qui plus tôt y sera.

 Le loup se mit à courir de toute sa force par le chemin qui était le plus court, et la petite fille s'en alla par le chemin le plus long, s'amusant à cueillir des noisettes, à courir après les papillons, et à faire des bouquets de fleurs qu'elle rencontrait.

Le loup ne fut pas long-temps à arriver à la maison de la mère-grande; il heurte: toc, toc. —Qui est là?— C'est votre fille, le petit Chaperon rouge, dit le loup en contrefaisant sa voix, qui vous apporte une galette et un pot de beurre, que ma mère vous envoie.

La bonne mère-grande qui était dans son lit, à cause qu'elle se trouvait un peu mal, lui cria: Tire la chevillette, la bobinette cherra. Le loup tira la chevillette, la porte s'ouvrit. Il se jeta sur la bonne femme, et la dévora en moins de rien, car il y avait plus de trois jours qu'il n'avait mangé. Ensuite il ferma la porte et se fut coucher dans le lit de la mère-grande, en attendant le petit Chaperon rouge qui, quelques temps après, vint heurter à la porte: toc, toc.—Qui est là? Le petit Chaperon rouge qui, entendit la grosse voix du loup, eut peur d'abord; mais croyant que sa mère-grande était enrhumée, répondit: C'est votre fille le petit Chaperon qui vous apporte une galette et un petit pot de beurre que ma mère vous envoie. Le loup lui cria en radoucissant un peu sa voix : Tire la chevillette, la bobinette cherra. Le petit Chaperon rouge tira la chevillette et la porte s'ouvrit ; il lui dit, en se cachant dans le lit sous la couverture : Mets la galette et le pot de beurre sur la huche, et viens te coucher avec moi. Le petit Chaperon rouge se déshabille, et va se mettre dans le lit, où elle fut bien étonnée de voir comment sa mère-grande était faite dans son déshabillé, et lui dit : Ma mère-grande, que vous avez de grands bras ! — C'est pour mieux t'embrasser, ma fille. — Ma mère-grande, que vous avez de grandes jambes !— C'est pour mieux courir, mon enfant. — Ma mère-grande, que vous avez de grandes oreilles ! — C'est pour mieux écouter, mon enfant.—Ma mère-grande, que vous avez de grandes dents ! — C'est pour te manger. En disant ces mots, ce méchant loup se jeta sur le petit Chaperon rouge, et le mangea.

MORALITÉ.

On voit ici que des jeunes enfans,
Surtout des jeunes filles,
Belles, bien faites et gentilles,
Font très-mal d'écouter toutes sortes de gens,
Et ce n'est pas chose étrange,
S'il en est tant que le loup mange :
Je dis le loup ; car tous les loups
Ne sont pas de la même sorte ;
Il en est d'une humeur accorte,
Sans bruit, sans fiel et sans courroux,
Qui, privés, complaisans et doux,
Suivent les jeunes demoiselles
Jusque dans les maisons, jusque dans les ruelles ;
Mais, hélas ! qui ne sait que ces loups doucereux,
De tous les loups sont les plus dangereux.

LA PIÉTÉ FILIALE.

CONTE ORIENTAL.

Méhémet, né dans la plus extrême pauvreté, tirait à peine d'un travail assidu de quoi fournir à sa pauvre subsistance et à celle du vieillard octogénaire qui lui avait donné le jour; il ne craignit point cependant de s'associer une compagne; il lui confia le soin de son vieux père et celui de l'humble réduit qu'il habitait. Tous les soirs il venait auprès d'elle se délasser des travaux de la journée, et lui remettait ses profits.

Fatime (c'était le nom de son épouse), lui donna bientôt un fils. Méhémet, au milieu de la joie que lui causa sa naissance, réfléchit sur son infortune, son enfant allait la partager; il n'avait point eu d'ambition jusqu'alors; il eut celle de lui faire un sort heureux; pour cela, il fallait acquérir quelque aisance : mais comment y parvenir avec un gain aussi faible que le sien?

Pendant qu'il s'occupait de ces idées, ses regards tombèrent sur son père que l'âge rendait incapable de le soulager; il lui parut pour la première fois être une charge qui le mettait dans l'impossibilité de faire des épargnes : bientôt il ne vit plus en lui qu'un vieillard infirme et chagrin, se plaignant sans cesse, demandant les plus grandes attentions; il oublia qu'il avait le droit de les exiger : devenu père, il ne se souvint plus qu'il était fils.

La magnificence et la piété des sultans avaient fondé des asiles publics pour la vieillesse indigente. La richesse de ces monumens hospitaliers était connue, mais le pauvre n'en profitait pas, l'avarice avait détourné sur d'autres objets les trésors destinés à l'exercice de la charité; l'infortuné, réduit à recourir à ces demeures, ne s'y rendait qu'en tremblant, sûr d'y passer ses tristes jours dans un malaise qui les abrégerait.

Méhémet, quoiqu'il n'eût jamais regardé ces retraites sans frémir, pensa qu'elles étaient ouvertes à son père. Pressé de se débarrasser des soins qu'il lui devait, aigri par quelques uns de ces caprices ordinaires dans les personnes d'un âge avancé, par cette humeur qui accompagne toujours l'inquiétude et les infirmités, il lui annonça qu'il fallait se séparer.

Le vieillard soupira sans répondre. Il n'était pas en état de le suivre. Méhémet le chargea sur ses épaules, et prit le chemin de l'hospice de la pauvreté. Il eut besoin de se reposer dans la route qui était longue et fatigante; il déposa son fardeau au coin d'une rue et s'assit à ses côtés pour reprendre haleine.

Depuis qu'il était sorti de la maison, le vieillard n'avait pas cessé de verser des larmes; elles s'arrêtèrent tout à coup, il parut plongé quelques momens dans une rêverie profonde; bientôt il se pencha vers son fils, et le serrant dans ses bras : Je te pardonne, lui dit-il, j'ai mérité le traitement que tu me fais, je le reçois comme un châtiment qui m'est dû. Dieu voit au fond des cœurs; nos mouvemens les plus secrets lui sont connus; il tient un registre exact de toutes nos actions, et dans le temps il les récompense ou les punit. Il y a quarante-cinq ans, ajouta-t-il, que j'ai conduit ton aïeul dans le séjour où tu me conduis : je fus ingrat, tu le deviens, ton fils le sera peut-être. Dieu est juste, que son saint nom soit béni ! A ces mots, il se prosterna sur la terre qu'il baisa humblement, s'humilia devant l'Etre des êtres et l'adora.

Méhémet l'entendit avec étonnement; un trait de lumière passa dans son âme. Il ne répondit point; mais remettant le vieillard sur son dos, il reprit avec lui le chemin de sa maison. Le projet qu'il avait formé lui fit horreur; il témoigna son repentir par un redoublement de tendresse et de soins, il ne s'aperçut plus que son père lui fût à charge; son activité se ranima, ses gains augmentèrent, tout lui prospéra. Le temps et son économie lui procurèrent l'aisance qu'il avait désirée; et il éprouva enfin que le ciel bénit et récompense toujours l'amour filial.

IMPRIMERIE LE NORMANT, RUE DE SEINE, N° 8.

IMPRIMERIE LE NORMANT, RUE DE SEINE, N° 8.

www.ingramcontent.com/pod-product-compliance
Lightning Source LLC
LaVergne TN
LVHW051513090426
835512LV00010B/2509